만화로 쉽게 배운다!

기초 영문법

7

사와이 고스케 지음 박원주 감역
세키야 유카리 만화 김선숙 옮김

일 만에 끝내기

BM (주)도서출판 **성안당**

7-day lecture on the basics of
English grammar

CONTENTS

CHARACTER

등장인물 소개

개성 강한 이 책의 등장인물을 소개합니다.
7일간의 강의를 다채롭게 해줄 세 사람과
고양이 한 마리를 알아두시길!!

강사 역 / 참고서 작가

와이 쌤

쉽게 공부할 수 있어요!
비법만 터득하면

아악~

WAI

타임키퍼 역 / 고양이

걷는 고양이

나도 함께
걸어볼까냥?

walking cat

\ 7일 동안 /
마냥 걷는 고양이

페이지 아래에서 걷는 고양이를 보면 그날
얼마나 공부했는지 한눈에 알 수 있다! 당
신의 공부를 응원해주는 믿음직한 친구!

[생일]   불명
[혈액형]   불명
[취미]   산책
[싫어하는 것] 뱀

\ 열정이 넘치는 /
참고서 작가

대형 입시학원에서 영어를 강의하다 영어 참
고서를 내고 싶은 소원을 이루기 위해 학원을
그만두었다. 그 뒤로는 책을 내기 위한 만반의
준비를 끝낸 상태에서 수백 페이지 원고와 한
장의 기획서를 들고 출판사를 찾아왔다.

[생일]   5월 5일
[혈액형]   불명
[취미]   술 마시기, 참고서 수집
[싫어하는 것] 무서운 놀이기구

잘 휩쓸리는 밝은 성격의 만화가

순수하면서도 대범한 성격이어서 부탁을 받으면 잘 거절하지 못한다. 이러한 성격 때문에 같은 날, 같은 출판사에 원고를 제출하러 온 와이 선생님의 샘플 수업에서 학생 역을 맡게 되었다.

[생일]	6월 28일
[혈액형]	O형
[취미]	음악 감상, 수예
[싫어하는 것]	다리가 많은 벌레

대담무쌍한 편집자

출판사 편집부에서 참고서 부문을 담당하고 있다. 젊지만 거리낌 없는 언동을 보이며 때로는 직설적으로 말하기도 한다. 그 행동을 언뜻 보면 까칠해 보이지만 참고서 편집에는 남다른 열정을 갖고 있다.

[생일]	7월 12일
[혈액형]	A형
[취미]	스마트폰 게임, 독서
[싫어하는 것]	카레라이스

1
첫째 날

명사 · 관사

명사에 아무것도 붙이지 않을 때

명사·관사 | 명사에 아무것도 붙이지 않을 때

그렇죠?
"고양이를 좋아한다",
"개를 좋아한다"
라고 말할 때는

고양이 좋아

쭉~♥

냥

한 마리뿐만 아니라
여러 마리의 고양이나
개를 떠올리며
좋아한다고
말하잖아요.

그러니까
I love cats. 예요!

맞아요!

반복해서 말하지만
한국인은 명사에
-s 붙이는 걸
잊어버리는 일이
정말 많아요.

O I love cat⬚s⬚.
X I love cat.

O I love dog⬚s⬚.
X I love dog.

우리말로는
일일이 '고양이들',
'다양한 개들'이라고는
하지 않거든요.

평소에
익숙하지 않은 걸
잘 다루기는 역시
힘든 것 같아요.

영어가 아니어도
그렇죠?

앗

고급
음식점

데굴데굴

아야야~~~

승마

소화기

퍽

맞아요!
힘들어요!

맞아요!
그러니까
그만큼
주의해야
겠지요.

GOAL

그럼 이 상황을 영어로 하면 어떻게 될까요?

기름은 물에 뜬다.

oil (기름)
float (뜬다)
water (물)

음~

기름이나 물은 '기름 1개'라든가, '기름 여러 개'라고 세지는 않는데요.

한 방울을 한 개라고 할 수도 없고...

그렇죠.

물이나 기름은 **물질**이라서 셀 수 있는 게 아니지요.

그런 명사는 a나 -s를 붙이지 않고 그냥 있는 그대로 써요.

아무것도 붙이지 않아요!

정답

Oil floats on water.
(기름은 물에 뜬다.)

✕ a, -s

아무것도 붙이지 않는다...

GOAL

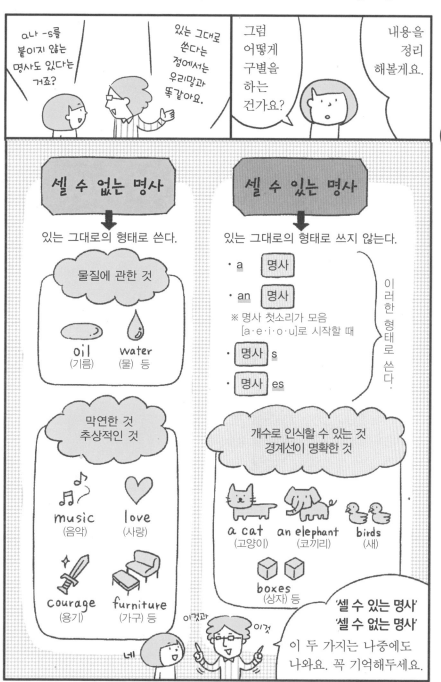

명사·관사

명사에 아무것도 붙이지 않을 때

여유만만
4프레임 극장

Break Time 4frame Theater

명사에 아무것도 붙이지 않을 때

그럼 이어서 설명할게요.

유리 씨, 이 셔츠 좀 보세요.

겉면으로도 입을 수 있고, 안쪽으로도 입을 수 있는 셔츠인데, 이거 알아요?

알아요. 양면 착용 가능한 '리버서블 셔츠' 잖아요.

겉면

줄무늬

안쪽 면

별무늬

그래요. 리버서블 셔츠! 지금까지 셀 수 있는 명사, 셀 수 없는 명사를 살펴봤는데요.

1인 2역

리버서블 명사

셀 수 있는 명사

셀 수 없는 명사

사실 이 셔츠처럼 명사 하나가 셀 수 있는 명사와 셀 수 없는 명사, 양쪽 기능을 하는 게 있어요.

우선 이걸 보세요.

돌

돌 바닥

남자아이가 손에 들고 있는 건 '돌'이고 발 밑 바닥도 '돌', 양쪽 다 '돌'이에요. 이걸 영어로 하면 각각 어떻게 될까요?

a stone?
stones?
stone?

36

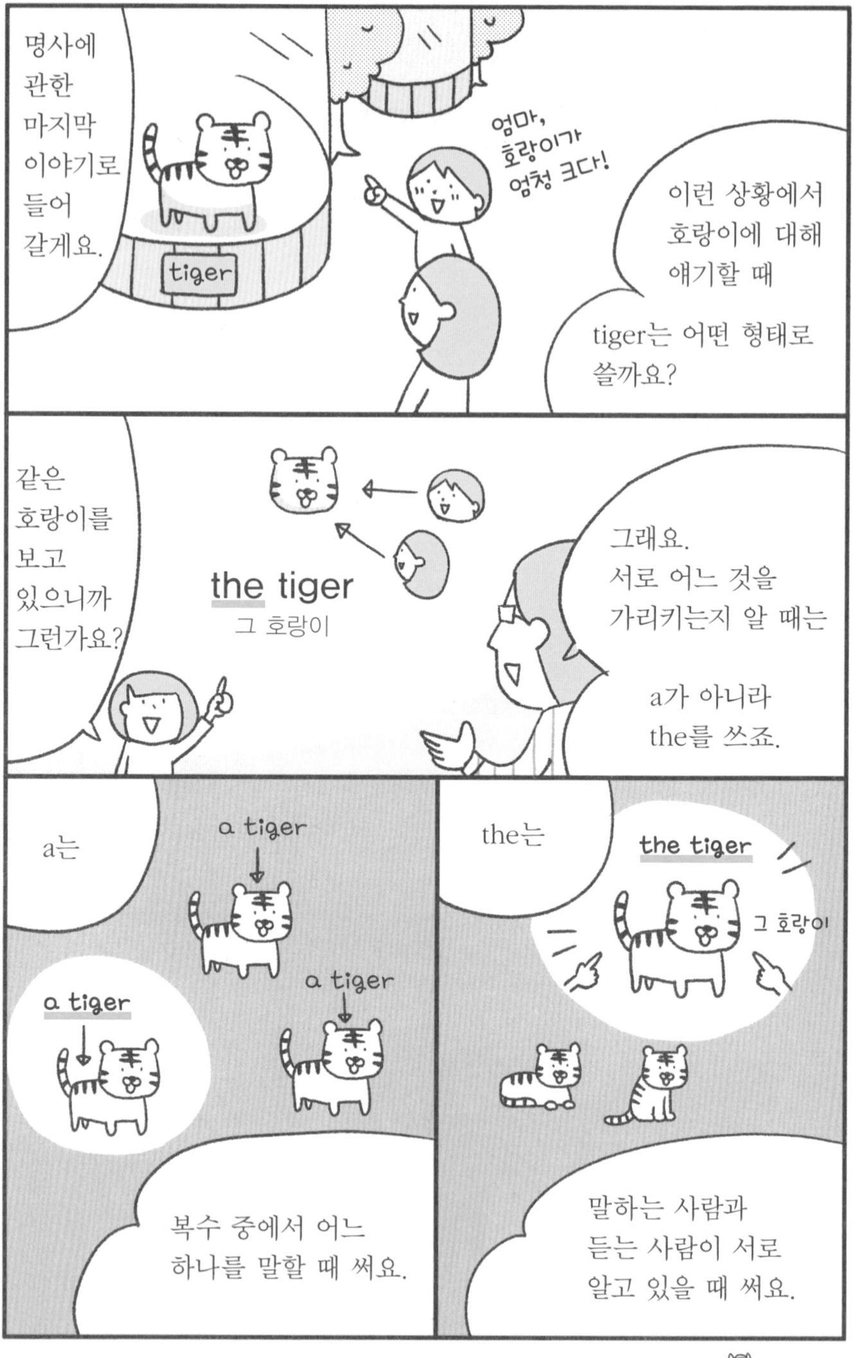
명사에
관한
마지막
이야기로
들어
갈게요.
tiger
엄마,
호랑이가
엄청 크다!
이런 상황에서
호랑이에 대해
얘기할 때
tiger는 어떤 형태로
쓸까요?
같은
호랑이를
보고
있으니까
그런가요?
the tiger
그 호랑이
그래요.
서로 어느 것을
가리키는지 알 때는
a가 아니라
the를 쓰죠.
a는
a tiger
a tiger
a tiger
복수 중에서 어느
하나를 말할 때 써요.
the는
the tiger
그 호랑이
말하는 사람과
듣는 사람이 서로
알고 있을 때 써요.

GOAL

[첫째 날] 명사에 아무것도 붙이지 않을 때

◼ 명사는 '셀 수 있는 명사'와 '셀 수 없는 명사'로 나뉜다.
각각 어느 쪽에 해당하는지는 사전에 Ⓒ Ⓤ 마크로 기재되어 있다.

◼ 셀 수 있는 명사를 사용할 경우에는
단수라면 a 또는 an을 명사 앞에 쓰고
복수이면 −s 또는 −es를 **명사 끝**에 붙인다.

◼ 셀 수 없는 명사는 아무것도 붙이지 않고 쓰지만,
'담는 그릇', '모양', '단위'로 셀 수 있다.

◼ 비슷한 의미의 명사이면서,
셀 수 있는 명사로도, 셀 수 없는 명사로도 쓰는 리버서블 명사도 있다.

◼ a는 셀 수 있는 명사 앞에만 쓰지만,

the / this / that / my / our / your /
his / her / their / its

는 셀 수 있는 명사 앞에도 쓰고, 셀 수 없는 명사 앞에도 쓴다.

그건 말이죠. 사람이나 사물, 그러니까 명사가 3개까지 등장하는 문장을 말해요.

1개 등장하는 문장

2개 등장하는 문장

3개 등장하는 문장

등장하는 사람·사물이 3개까지일 때 영어로 비교적 간단히 표현할 수 있어요.

간단한건 좋네요!

그렇죠.

헤에에~

자세히 설명해볼게요. 우선 이 상황을 우리말로 해 보세요.

풀짝

고양이가 뛰어올랐다.

맞아요. '고양이가 뛰어올랐다.'

'고양이가'까지가 주어죠.

주어

고양이 가 뛰어올랐다.

명사+조사(은/는/이/가)

우리말에서는 대개 명사 뒤에 '이/가' 같은 조사를 붙여야 주어가 되죠.

① ② ③ ④ ⑤ ⑥ ⑦

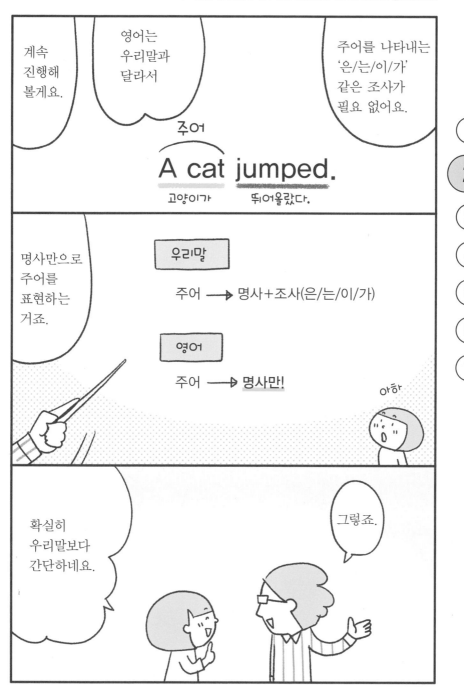

명사가 3개까지 등장하는 문장

catch는 불규칙 변화 동사라서

과거형은
ed를 붙인 형태가 아니라
caught예요.

정답

A boy caught
a butterfly.

(소년이 나비를 잡았다.)

그렇구나!

①
②
③
④
⑤
⑥
⑦

그러고 보니
불규칙 변화
동사를 중학교 때
외웠던 기억이
나요.

catch (원형)
|
caught (과거형)
|
caught (과거분사형)

세 가지를 한꺼번에

긁적
긁적

까먹었어요.

그래요.
자주 사용하는
불규칙 동사는
그리 많지 않으니까
그냥 외워버리는
게 좋아요.

소년 이 나비 를 잡았다 .

그럼
우리말과
영어를
비교해
볼게요.

A boy caught a butterfly .

각 자리에
해당하는 것을
대응시켜
보세요.

네!

쏙쏙

쏙쏙

년 나비

caug

으음

61

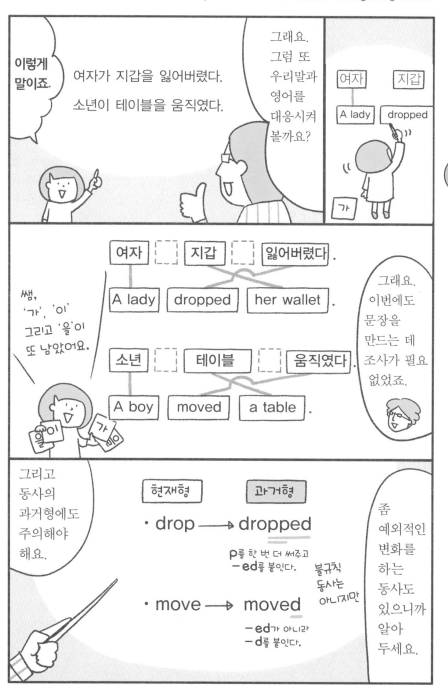

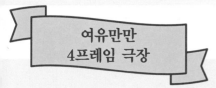

여유만만
4프레임 극장

Break Time 4frame Theater

만약 우리말로 '이', '에게', '를'을 사용하지 않고 문장을 만들면…

이 에게 를

말 | 사슴 | 편지 | 건네주었다

말 사슴 편지 건네주었다

이게 뭐야!

바보네!
헤이~유!
아이러브유~

바보가 편지를 건네주었다.

키아악!

장난스러운 편지를 건네주었다.

마음 받아줘 말!

사슴!

말과 사슴이 편지를 건넸다.

무슨 말을 하려는 건지 모르겠어요.

그죠!

우리말이라면 '이', '에게', '를' 없이는 여러 가지 의미로 받아들여질 테니까 말이 성립되지 않아요.

하지만 영어는 그런 조사가 없어요. 우리말과 얼마나 다른 언어인지 알 수 있죠!

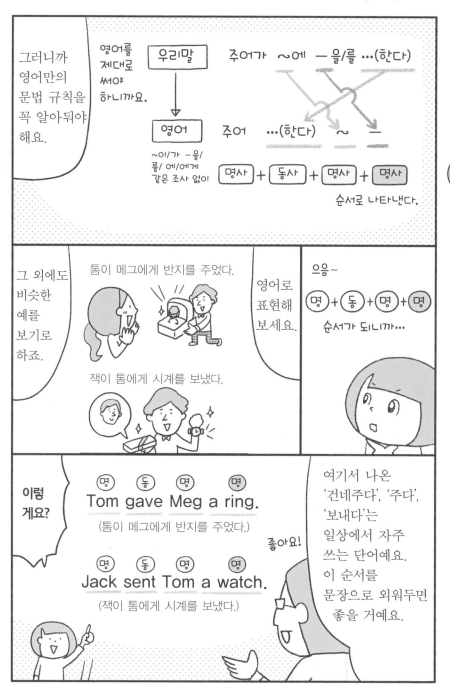

우리말 의 영어에는 없어요.

이 가 을 를 에 없어도 OK

이런 내용도 조사에 해당되는 말이 없어도 표현할 수 있어요.

call (부르다)　name (이름을 짓다)

think (생각하다)　consider (고려하다) ⇨ 우리말 주어가 ~을(를)

make (…을 하게 만들다)　keep (일정한 상태로 두다)

— 하다고
— 라고 …(한다)
— 하게

명사 + 동사 + 명사 + 명사

또는

형용사 순으로 나타낸다.

예 I call this cat Tama.
(나는 이 고양이를 타마라고 부른다.)
Tama 야옹

We think this animal dangerous.
(우리는 이 동물을 위험하다고 생각한다.)
냠름 냠름

He made her happy.
(그는 그녀를 행복하게 만들었다.)

문형 ①

명사가 3개까지 등장하는 문장

74

문형
①

명사가 3개까지 등장하는 문장

말할 때 말고도 조사를 뺄 때가 있어요.

언제요?

글쎄요~

예를 들어…

이런 느낌인가?

① **대통령**, 미국 도착

② **나** 도착했음

③ **도끼** 하나 **메고**
곰에 올라타서 **말** 타는 연습

④ **아버지** 돌아오다.

⑤ **불가사의** 정말 좋아.

—— 조사를 뺀 명사

어떤 경우에 쓰이는지 생각해 보세요.

제목

대통령, 미국 도착

①은 신문 표제어

②는 옛날 전보문 인가요?

도나 착 했음

도끼 하나 메고 곰에 올라타서 말 타는 연습

③은 동요가사 같은데요.

두근두근

문형 ①

명사가 3개까지 등장하는 문장

Leave the door open!

Leave the door open…?

'문을 열린 상태로 놔둬'라는 뜻인가요?

네?

탁탁

네, 맞아요!

그런데 오늘 수업에서 **'문을 열린 상태로 두다'**는 leave가 아니라 **keep**을 쓴다고 했잖아요.

He kept the door open.

keep의 과거형

의미가 좀 다른가요?

잘 지적했어요.

keep과 leave에는 **'일정한 상태로 두다'**라는 의미가 있지만 차이가 있어요.

> ### 문형 ①
> ## [둘째 날] 명사(사람·사물)가 3개까지 등장하는 문장

▣ 영어에서는 다음과 같은 내용을
  우리말 조사에 해당하는 말을 사용하지 않고 말할 수 있다.

'〜가(는) …한다'

'〜가(는) …이다'

'〜가(는) -를 …한다'

'〜가(는) -에게 …한다'

'〜가(는) -에게 _를 …한다'

'〜가(는) -을(를) _하다고 …한다'

'〜가(는) -을(를) _라고 …한다'

'〜가(는) -을(를) _하게 …한다'

▣ 우리말에서도,
  대화할 때나 일부 문장에서는 '이/가', '을/를', '에/에게' 같은 말을 생략
  하기도 한다.

86

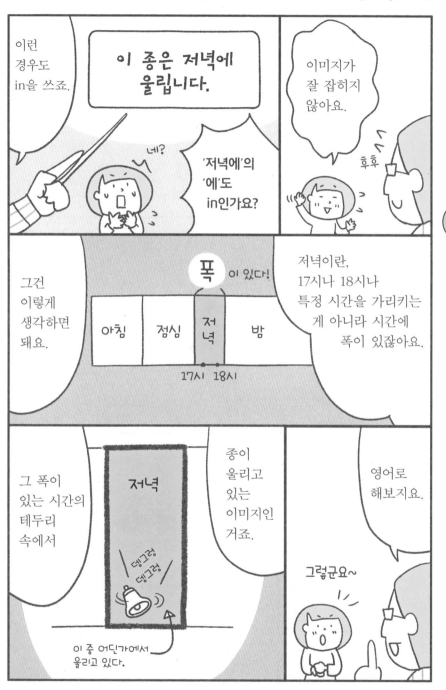

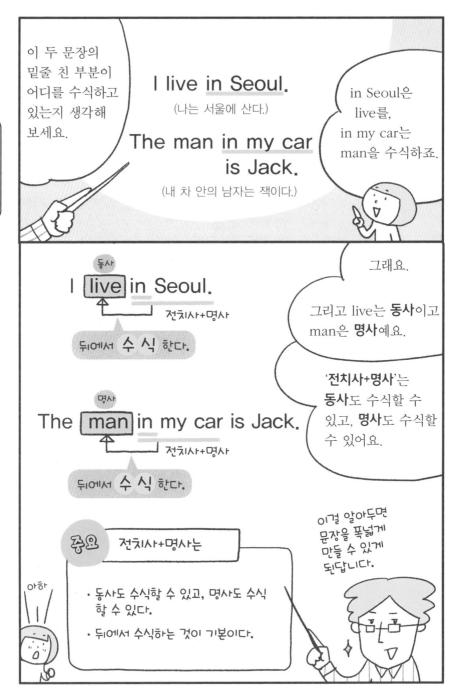

이 두 문장의 밑줄 친 부분이 어디를 수식하고 있는지 생각해 보세요.

I live <u>in Seoul</u>.

(나는 서울에 산다.)

The man <u>in my car</u> is Jack.

(내 차 안의 남자는 잭이다.)

in Seoul은 live를, in my car는 man을 수식하죠.

동사
I live in Seoul.
전치사+명사
뒤에서 **수식** 한다.

그래요.

그리고 live는 **동사**이고 man은 **명사**예요.

'전치사+명사'는 **동사**도 수식할 수 있고, **명사**도 수식할 수 있어요.

명사
The man in my car is Jack.
전치사+명사
뒤에서 **수식** 한다.

이걸 알아두면 문장을 폭넓게 만들 수 있게 된답니다.

중요 전치사+명사는

• 동사도 수식할 수 있고, 명사도 수식할 수 있다.
• 뒤에서 수식하는 것이 기본이다.

아하

GOAL

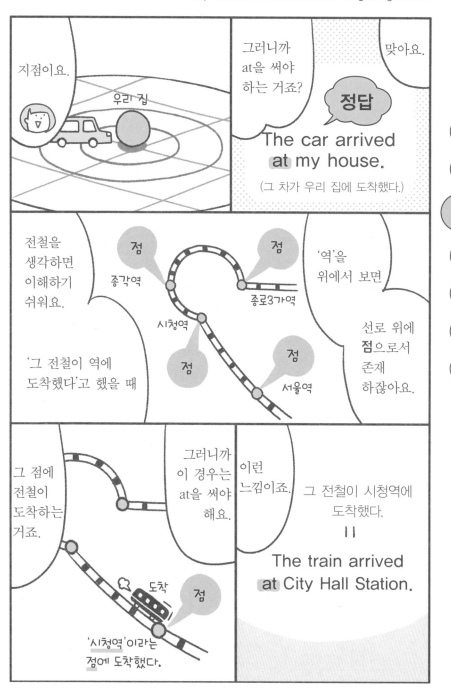

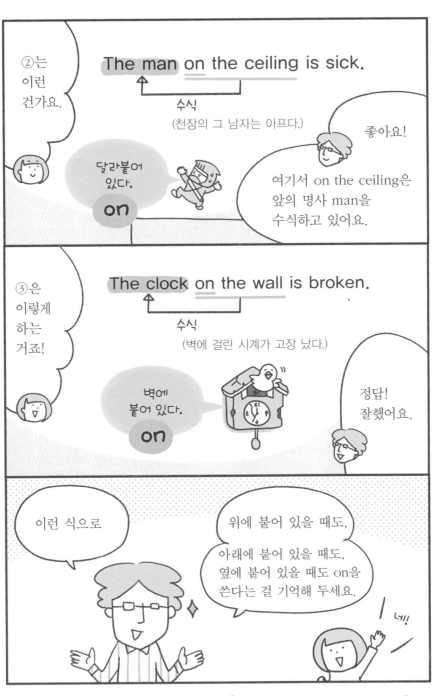

②는 이런 건가요.

The man on the ceiling is sick.

수식

(천장의 그 남자는 아프다.)

달라붙어 있다.

on

좋아요!

여기서 on the ceiling은 앞의 명사 man을 수식하고 있어요.

③은 이렇게 하는 거죠!

The clock on the wall is broken.

수식

(벽에 걸린 시계가 고장 났다.)

벽에 붙어 있다.

on

정답! 잘했어요.

이런 식으로

위에 붙어 있을 때도, 아래에 붙어 있을 때도, 옆에 붙어 있을 때도 on을 쓴다는 걸 기억해 두세요.

네!

※ 종이사전은 영어학습에 꼭 필요합니다.

to

도달

다음은 to로 갑니다.

이미지

이동 방향을 나타내어

'~향하여 (~쪽으로)'를 나타내는 '화살표'의 이미지예요.

예를 들어 이럴 때의 to도

Happy birthday to you!

생일 축하해~

to   to

'너'를 향해 축하한다고 하지요.

한 소년이 여자에게 고개 숙여 인사했다.

이 상황도 영어로 해보지요.

안녕하세요?

'여자'를 향해서니까

bow (절하다)

to

A boy bowed to a lady. 인가요?

정답!

야호!

GOAL

from

문형 ② 전치사

명사 (사람·사물) 가 4개 이상 등장하는 문장

다음은 from이에요.

from

이미지

어느 기점으로부터

아까 to는 화살표가 향하는 곳이었지만,

from은 **화살표의 기점**을 나타내는 전치사라고 할 수 있어요.

영어 문장을 한번 만들어 볼까요?

① 나는 이 시계를 톰에게서 샀다.

② 이것은 톰이 보낸 편지다.

시계는 잘 쓰고 있니?

Tom

이렇게요?

정답

① I bought this watch from Tom.

② This is a letter from Tom.

네. 잘했어요.

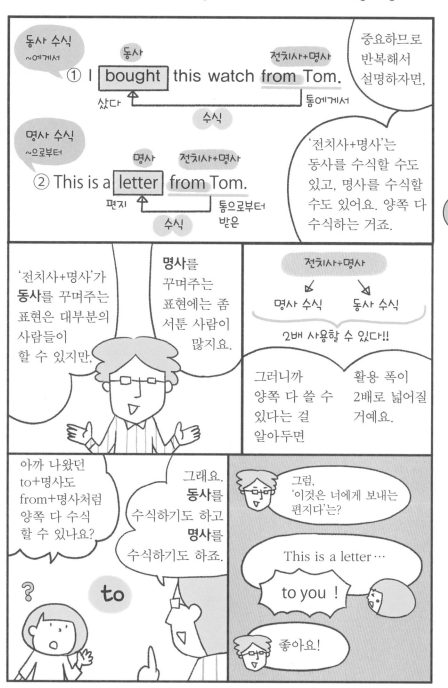

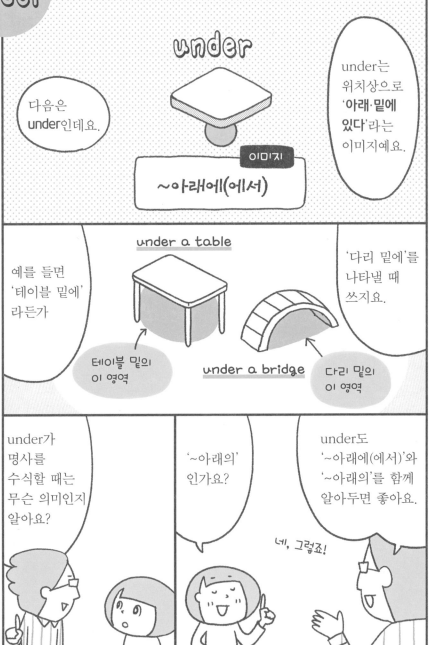

over

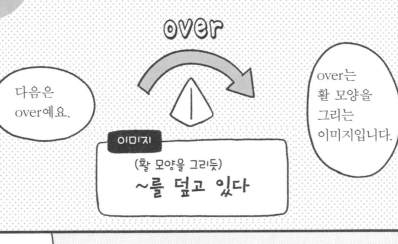

over

다음은
over예요.

over는
활 모양을
그리는
이미지입니다.

이미지

(활 모양을 그리듯)
~를 덮고 있다

예를
들어
볼게요.

A cat jumped <u>over</u> a fence.
(고양이 한 마리가 울타리를 뛰어넘었다.)

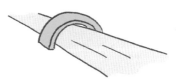

a bridge <u>over</u> a river
(강 위에 놓인 다리)

The rainbow <u>over</u> the mountain
is beautiful.
(산 위의 무지개가 아름답다.)

over는 under와 쌍을 이루는 단어예요. 마찬가지로 below와 쌍을 이루는 것이 above고요.

above ~보다 위에	over ~를 덮고 있다
비슷하다	
반대	반대
below ~보다 아래에	under~ 아래에(에서)
비슷하다	

이번에도 집을 예로 설명해 볼게요.

이번에는 1층에 있는 거실을 기준으로 하면

위에 있는 침실은 **바로 위**에 있으니까 over예요.

above

그런데 above는 바로 위뿐만이 아니에요. **어느 위치보다 위**이면 모두 above인 거죠.

above

침실

over

욕실

거실

주방

with

with

다음은 with입니다.

이미지
연결되어 있다

with는 뭔가와 연결되어 있다는 이미지죠.

① ② **3** ④ ⑤ ⑥ ⑦

'~와', '~와 함께' 라는 이미지를 나타낼 때

with를 사용해요.

I danced with my wife.
(나는 아내와 춤을 추었다.)

I live with a cat.
(나는 고양이와 함께 살고 있다.)

이제는 이걸 좀 보기로 하죠.

원숭이가 돌로 달걀을 쳤다.

맨 처음에 나왔던 원숭이네!

짜잔~

부스럭   부스럭

탁탁

문형 ② 전치사

명사(사람·사물)가 4개 이상 등장하는 문장

for

다음은 for예요.

이미지
~향해

어딘가로 **향하고 있는** 이미지입니다.

예문을 살펴볼까요.

for

가장 대표적인 의미는 '~을 위해' 예요.

I made this chair for you.
(나는 너를 **위해** 이 의자를 만들었다.)

의자를 만든 사람의 마음이 의자를 사용할 사람 쪽으로 향하고 있군요.

마음 for

그렇죠!

이쪽에서 이쪽으로

다음 예문은 문자 그대로 '~를 향해'라는 뜻으로 쓰였어요.

for

Nam San

We started for NamSan Tower.
(우리는 남산타워를 향해 출발했다.)

쌤! 이 문장을 이렇게 해석하면 안 될까요?

우리는 남산타워를 목표로 출발했다.

좋지요.

이왕 나왔으니까 '~을 목표로' 라는 뜻으로 쓴 예도 들어보죠.

for

Nobel Prize

The scholar studied hard for the Nobel Prize.
(그 학자는 노벨상을 목표로 열심히 연구했다.)

그럼 이젠 영어로 옮기는 데 도전해 보죠.

돼지 삼형제

① 이것은 어린이를 위한 책이다.

② 독립을 목표로 한 그 싸움은 드라마틱했다.

※독립 = independence

두 개의 예문이 있네요.

우리에게 자유를!!

'for~'는 명사를 수식하는군요.

으음~ ①은 '~ 위한' 이니까…

① 명사 for ~
책 ↑ ~를 위한
수식

② 명사 for ~
그 싸움 ↑ ~을 목표로 한
수식

그래요. ②도 마찬가지예요 '독립을 목표로 한'이 명사 그 싸움을 수식하죠.

답은 이렇죠?

✗ ① This is a book for a child.

(이것은 어린이를 위한 책이다.)

○ ② The battle for independence

was dramatic.

(독립을 목표로 한 그 싸움은 드라마틱했다.)

②는 정답. ①은 좀 아쉽네요.

of

이미지

끊으려야 끊을 수 없는 연결

다음은 of로 갑니다.

of의 이미지는 **끊으려야 끊을 수 없는 연결**이죠.

He is a teacher of English.

(그는 영어 선생님이다.)

예문을 보세요.

money는 셀 수 없는 명사입니다!

money

우리말로는 주로 '~의'로 해석하면 돼요.

영어 선생님은 영어와 뗄 수 없을 정도로 깊게 연결되어 있지요.

영어

선생님

그래서 이런 이미지로 파악할 수 있는 거군요.

그렇구나.

120

다음은 of를 다른 뜻으로 쓴 예를 볼까요?

① They talked <u>of</u> a picture.
(그들은 <u>사진에 대해</u> 이야기했다.)

② The man died <u>of</u> cancer.
(그 남자는 <u>암으로</u> 죽었다.)

'~에 대해'와 '~로'?

네. 의외의 느낌이 들죠?

하지만 이것도 of의 이미지에 들어맞는 거예요.

대화

'어떤 그림에 대해 이야기했다'는 건

그림이라는 세계 안에 대화가 속해 있었다는 의미거든요.

②의 경우 암으로 죽었다는 건

암과 죽음이 직접적으로 연결되었다는 관계예요.

그렇기 때문에 of를 사용해도 전혀 위화감이 들지 않아요.

of가 세 가지 의미로 쓰였는데도 같은 이미지로 파악되네요.

암

죽음

그렇구나!

흥미 롭다!

① ② ③ ④ ⑤ ⑥ ⑦

behind

130

그럼 behind를 사용해 문장을 만들어 볼까요?

나는 내 가방을 그 의자 뒤에 놓았다.

영어로 해보세요.

으음… 뒤에니까 이 경우는 동사를 수식할 테고…

① ② **3** ④ ⑤ ⑥ ⑦

이렇게요?

I put my bag behind the chair.

(나는 내 가방을 그 의자의 뒤에 놓았다.)

좋아요! 정답!

잘 모를 때는 전치사 이미지로 상상한다!

명사를 수식하는 예도 들어볼게요.

반짝

내 뒤의 주자는 키가 크고 잘생겼다.

다다닥

The runner behind me was tall and handsome.

(내 뒤의 주자는 키가 크고 잘생겼다.)

131

through

through는

through

이미지

공간을 빠져나가다
(통과하다)

'공간을 빠져나가다', '사이를 지난다' 라는 이미지예요.

그러니까 '스루패스'는 상대편 선수와 선수 사이로 공이 통과하는 패스를 말하는 거예요.

상대편

상대편

이 공간을 통과하는 패스

오~

스루패스란 말 몰랐어요? 아까는 그렇게 열을 올리더니…

네, 몰랐어요.

다른 예도 살펴 볼게요.

A train went through a tunnel.
(전철이 터널을 빠져나갔다.)

GOAL

Check Point 요점정리

문형 ② 전치사

[셋째 날] 명사(사람·사물)가 4개 이상 등장하는 문장

▣ **등장하는 사람·사물이 4개 이상인 문장에는 전치사가 필요**하다.

▣ 등장하는 **사람·사물이 3개 이하인 문장에도 전치사가 필요한 경우**가 있다.

▣ 대부분의 전치사에는 다양한 의미가 있으나 **중심이 되는 이미지**를 알면 달달 외우지 않아도 된다.

▣ 이 장에서 다룬 전치사는 다음과 같이 열네 가지이다.

---

in / at / on / to / from / under / below /
over / above / with / for / of / through / behind

▣ 전치사는 기본적으로 **뒤에서, 앞**에 있는 **동사나 명사를 수식**한다.
동사를 수식하는 경우에는 '**앞에서 뒤에 있는 것을 수식**'하기도 한다.

▣ **이미지를 이용해 전치사를 파악하는 데는 한계가 있다.**
중심이 되는 이미지로 의미를 파악하기 어려운 전치사도 있다.

그럼 시작 하겠 습니다.

네

지난번에 '전치사+명사'가 수식어 역할을 하는 걸 배웠지요.

수식어

전치사 + 명사

동사· 명사

수식한다

기억해요?

당연히 기억하고 있지요!

하지만 수식어가 될 수 있는 건 이것 만이 아니에요.

우선 문장을 보세요.

Lisa is cute.
(리사는 귀엽다.)

We think Meg beautiful.
(우리는 메그가 아름답다고 생각한다.)

참 예쁘다~

밑줄 친 부분의 품사는 뭘까요?

이런 식으로 쓰이는 형용사는 둘째 날 공부했죠?

근데 그것만 있는 게 아니 에요.

형용사 인가요?

맞아요.

형용사는 **수식어로도 쓰이거든요.**

주 — 목

GOAL

이것들은 뒤의 명사를 수식하죠.

형용사
That cute girl
수 식
귀여운 소녀

형용사
a beautiful doctor
수 식
아름다운   의사

정말 형용사가 명사를 수식하네요.

그렇죠.

형용사를 수식어로도 쓸 수 있게 되면

그 귀여운 소녀는 리사다.

그 귀여운 소녀는 리사다.

표현을 풍부하게

표현이 훨씬 풍부해지거든요.

풍부해 졌네~

그럼 좀 더 연습해 볼까요?

① 이것은 오래된 그림이다.

② 나는 검은 자동차를 샀다.

③ 우리는 저 높은 탑을 잭이라고 부른다.

무엇이 어디를 수식 하나요?

부사

그럼

이제부터는 새로운 품사를 보기로 하지요.

네

첫 번째는 이거예요.

부사 (副詞)

주—목

확실한 이미지가 떠오르지 않아요. 부사… 이름은 들은 적이 있는데….

명사나 동사는 머릿속에 그릴 수 있지만…

음

대부분의 사람들이 그래요.

근데 훈독을 해보면 역할을 알 수 있어요.

부사

↓ 훈독

?

훈독?

펄럭 펄럭

성큼 성큼

부(副)가 뭐지?

한자로 써보세요.

자, 여기.

부 사 (副詞)

쏙

쏙

이건 '말'을 뜻하잖아요.

① ② ③ ④ ⑤ ⑥ ⑦

143

부사·조동사

곁들인다! 돕는다!

하지만 이런 예도 있어요.

The animal suddenly jumped.

The animal jumped suddenly.

(그 동물이 갑자기 뛰어올랐다.)

A monster completely destroyed a building.

A monster destroyed a building completely.

(괴물이 건물을 완전히 파괴했다.)

같은 부사인데

앞으로 갔다가 뒤로 갔다가 하네!

어떻게 하라는 거야?

아까 공부한 규칙은 어디까지나 원칙이에요. 부사를 어디에 쓸 것인가 하는 문제는 쉽지 않죠.

사실 이건 우리말도 마찬가지예요.

이 경우는 앞에 쓰든 뒤에 쓰든 상관없어요.

148

다음 문장을 보세요. 어느 게 옳고 어느 게 이상한가요?

① 종종 우리는 경주에 간다.

② 우리는 종종 경주에 간다.

③ 우리는 경주에 종종 간다.

④ 우리는 경주에 간다 종종.

④가 이상한 것 같은데요. 나머지는 괜찮아요.

그렇죠. 우리말에서는 뒤에서 수식하는 건 없어요.

그런데 부사는 앞에 오면 여러 위치에서 수식할 수 있죠.

하지만 형용사는 그렇지 않아요.

마법사는 나의 주사위를 둥근 떡으로 바꾸었다.

예를 들면 이 문장 에서

그렇지 않죠. 모두 의미가 바뀌어 버립니다.

① 둥근 주사위를
떡으로

② 둥근 나의 주사위를
떡으로

'둥근'의 위치를 바꿔도 원래의 의미는 변하지 않을까요?

① 마법사는 나의 둥근 주사위를 떡으로 바꾸었다.

② 마법사는 둥근 나의 주사위를 떡으로 바꾸었다.

③ 둥근 마법사는 나의 주사위를 떡으로 바꾸었다.

③ 주사위를
떡으로
둥근 마법사가

① ② ③ **4** ⑤ ⑥ ⑦

149

부사 · 조동사　곁들인다 ! 돕는다 !

이제
다음으로
갈게요.

부사가 수식하는 것
② 형용사

부사가
수식하는
두 번째는
형용사입니다.

부사 → 형용사
수식

① ② ③ **4** ⑤ ⑥ ⑦

이건
어떤 의미
일까요?

• 부사 는 형용사 를 수식한다.
• 이 경우는 앞에서

이런
거잖아요!

그래요.
이건
알기 쉽지요.
구체적인
예를 볼까요.

Meg is very beautiful.
(메그는 매우 아름답다).

very랑

You are too young.
(너는 너무 어리다).

어느 게
부사인지
생각해
보세요.

too요?

맞아요.
그 두 가지가
부사예요.

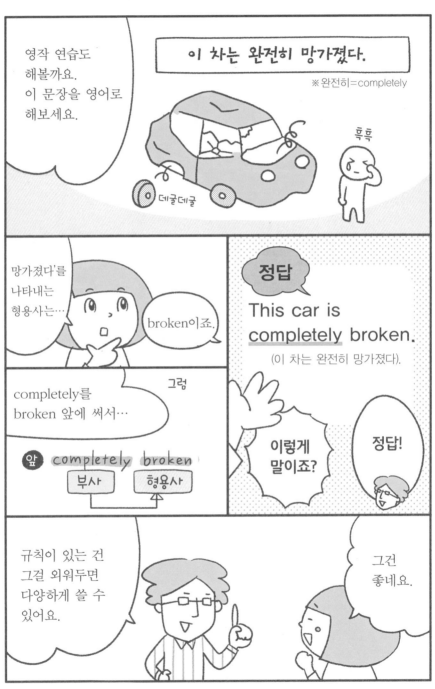

영작 연습도 해볼까요. 이 문장을 영어로 해보세요.

이 차는 완전히 망가졌다.

※완전히=completely

흑흑

데굴데굴

부사·조동사

곁들인다! 돕는다!

'망가졌다'를 나타내는 형용사는…

broken이죠.

정답

This car is completely broken.

(이 차는 완전히 망가졌다).

그럼

completely를 broken 앞에 써서…

앞 completely broken

부사   형용사

이렇게 말이죠?

정답!

규칙이 있는 건 그걸 외워두면 다양하게 쓸 수 있어요.

그건 좋네요.

GOAL

곁들인다! 돕는다!

타마가 너무 세게 그 여자를 때렸다.

그럼 하나 더 해보지요.

타마
아파…

야옹
야옹
야옹
외로웠다냥~

부사를 수식하는 부사는 어느 것일까요?

타마가 [너무] 세게 그 여자를 때렸다.

수식

※ '세게'는 동사 '때렸다'를 수식한다.

'너무'이군요!

딸칵

그래요. 영작도 해보지요.

아까 나왔던 이 문장에

Tama hit the lady hard.
(타마가 그 여자를 세게 때렸다.)

아까 나왔던 too(너무)를 넣어서…

이런 문장도 만들 수 있게 됐잖아요!

이렇게 하면 되죠!

부사
Tama hit the lady [too] hard.
(타마가 그 여자를 너무 세게 때렸다.)
수식

아주 잘하는데요.

그러게요!

159

조동사

부사 · 조동사

지금 부터는

두 번째로 나온 새로운 품사 **조동사**로 들어갈게요.

조동사

이것도 부사처럼 훈독하면 역할을 알기 쉬워요.

조동사(助動詞)

훈독

?

곁들인다！ 돕는다！

이것도 한자로 써볼까요.

여기요, 마커

음 **조**동사(助動詞)

동사를 돕는 거네요!

'조(助)는 돕는다는 뜻이 잖아요.

쑥 도울 조 쑥

이쪽은 동사 니까…

그래요!

조동사는 **동사를 도와 문장에 의미를 더해주는 역할**을 해요.

우선은

○ 너는 이 노래를 불러야 <u>한다</u>.
○ 나는 동요를 부르고 <u>싶다</u>.

※ ── 조동사

우리말의 예를 살펴 보지요.

160

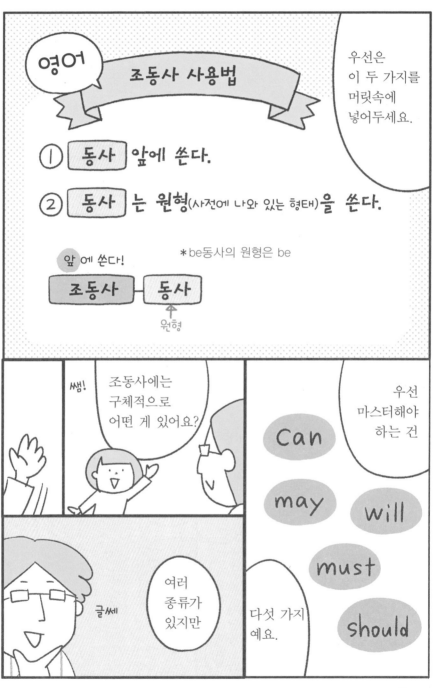

곁들인다 ! 돕는다 !

will

다음은 will이에요.

will

will은 여러 가지 의미가 있는데, 우선은 이 두 가지를 알아두세요.

의미

• 주의(~할 생각이다, ~할 것이다)

• 추측(~일 것이다)

지금은 갖고 있지 않지만 언젠가는 살 생각이 있는 물건 있어요?

음~

그랜드 피아노.

음악을 좋아해서 언젠가는 사고 싶어요.

그럼, "나는 언젠가 그랜드 피아노를 살 생각이다."라고 말해보세요.

언젠가는 someday, 부사니까 문장 끝에 쓰는 거예요.

네!

정답

I **will** buy a grand piano someday.

(나는 언젠가 그랜드 피아노를 살 생각이다.)

이렇게요?

좋아요. 정답!

must

must

네 번째는 must입니다.

의미
- ~해야 한다 (강한 의무)
- ~임에 틀림없다 (강한 추측)

의미가 제각각 이네요.

하지만 공통점이 있어요.

예를 들어 이 세 가지 대사 중에서

① 공부 좀 해보는 게 어때?

② 공부하는 게 좋아.

③ 공부해야 해.

제일 강하게 느껴지는 건 어느 건가요?

③이죠.

이것도 ③이요

공부해야 해.

호랑이임에 틀림없어.

① 어쩌면 호랑이일 가능성이 있다.

② 호랑이일지도 몰라.

③ 호랑이임에 틀림없어.

그럼, 다음 세 가지 중에서는 어느 게 확신의 정도가 강한가요?

그래요. must에는 강한 뉘앙스가 있다는 공통점이 있어요.

조동사 ⑤

should

부사·조동사) 곁들인다 ! 돕는다 !

should

의미
마땅히 ~해야 한다

마지막 조동사는 바로

should 입니다.

① 그는 자전거를 사야 한다.

바로 영어로 해보지요!

지각 하겠다

후다닥

② 너는 조용히 해야 한다.

TV 소리가 들리지 않는단 말이야.

매엠~

매엠~

매엠~

①은 간단하죠. 이렇게요!

정답

He should buy a bicycle.

(그는 자전거를 사야 한다.)

맞아요!

172

GOAL

마스터 한 잔 더요!
어머?
I am always happy…?
always 같은 빈도를 나타내는 부사는
always
often
동사 앞에 쓰는 게 아니었어요?
오늘
이런 문장이 나왔잖아요.
동사 앞
Tom always wears a hat.
(톰은 항상 모자를 쓰고 있다.)
잘 지적했어요!
사실 동사가 be동사인 경우는 빈도를 나타내는 부사를 동사 뒤에 써요.
be동사 뒤
I am always happy.
털썩
꿀꺽
콜라 한 잔 주세요.
탁
빈 잔
예를 들어 볼게요.
This bar is often crowded.
(이 술집은 종종 사람들로 붐빈다.)

부사·조동사 ─ 곁들인다! 돕는다!

That owl is always friendly.
(저 부엉이는 언제나 사근사근하다.)

owl은 부엉이라는 의미였군요!

간판의 수수께끼가 풀렸다!

네, 그렇죠

그런데 아까부터 계속

엎드려 있는데 괜찮을까요? 지유 씨!

개차나요~ (괜찮아요.)

깜짝

잠결인가 봐요.

쿨

하하하

He would not wake up.
(그는 일어나지 않을 것이다.)

Z Z Z

부사·조동사

곁들인다! 돕는다!

이왕 말 나온 김에 can과 may의 과거형도 알려줄게요.

과거형

Can → could
(~할 수 있다)

may → might
(~일지도 모른다)

예문으로 설명해 주세요.

OK! 이 칵테일에 대해서 얘기해보죠.

이것은 물론 그가 만들어준 거예요.

딸깍 딸깍

하지만 만약 내가 칵테일을 잘 만들어서

"난 이 칵테일은 만들 수 있어." 라고 말하고 싶다면 이렇게 표현할 수 있죠.

I can make this cocktail.

이 칵테일 주세요.

알겠습니다!

180

보충

부사·조동사

곁들인다! 돕는다!

좀 더 조심스럽게 '~일지도 모른다'라고 말하고 싶을 경우에는?

정답! 잘했어요.

야호!

이렇게 하죠!

The base of this cocktail might be wine.

(이 칵테일의 베이스는 와인일지도 모른다.)

그럼, 상 주는 셈치고 오늘은 쌤이 한턱내세요!

엣!?

실컷 마셔야겠다.

왜 그래야 하는데요!?

쌔~앰, 내가 마신 것도요~

BAR owl

졌다, 졌어~ 히잉~

아하하~

182

GOAL

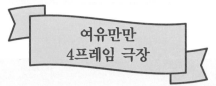

부사 · 조동사

[넷째 날] 곁들인다! 도와준다!

▣ 수식어는 문장 표현을 풍부하게 또는 명확하게 하기 위하여 꾸미는 말이다. '전치사+명사'뿐만 아니라 형용사나 부사도 수식어 역할을 한다.

▣ 형용사는 앞에서 뒤의 명사를 수식한다.

▣ 부사는 동사·형용사·부사를 수식한다.

▣ 동사를 수식하는 부사는 동사의 앞뒤 어디에나 쓸 수 있으나 뒤에서 수식하는 것이 기본이다.

▣ 빈도를 나타내는 부사는 동사의 앞에 쓴다. 단, be 동사가 있는 문장에는 뒤에 쓴다.

▣ 형용사를 수식하는 부사는 형용사 앞에 쓴다.

▣ 부사를 수식하는 부사는 부사 앞에 쓴다.

▣ 조동사는 동사 앞에 쓴다.
조동사가 있으면 동사는 원형으로 써야 한다.

▣ 이 장에서 다룬 조동사는 다음과 같이 여덟 가지다.

- -

can / could / will / would / may / might / must / should

- -

5
다섯째 날

be동사(수동태·진행형)

작은 슈퍼맨

정말요?
몰랐어요!

there를
사용하지
않아요?

네.

왜냐하면
이미 화제가
되었으니까

바로 그 화제로
가도 되거든요.

그렇구나

내 가방은 어디?
↓
네 가방은…

톰은 어디?
↓
톰은 지금…

그런데
자신이 먼저
화제를 꺼내서
"이런 게 있어요."
라고 말하는 경우도
있잖아요.

그럴 땐
there를
사용하죠.

예를
들면요?

옛날이야기의
시작 부분을
예로 들면 이해하기
쉽겠네요.

옛날 옛적에
어느 숲에
커다란 곰이
살고 있었어요.

이런 문장에서는
there를 쓰지요.

작은 슈퍼맨

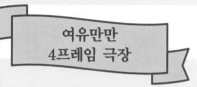

Break Time 4frame Theater

②be동사
수동태

be동사

작은 슈퍼맨

수동태

다음은
'**수동 표현**'입니다.
어려운 말로는
'**수동태**'라고 하죠.

이 상황을
보세요.

고양이가 코끼리를 발로 찼다.

elephant
(코끼리)

cat
(고양이)

kick
(차다)

짠~

첫 번째
날에 봤던
거잖아요.

하지만
이 상황은

맞아요.

코끼리를
주어로 해서
표현할 수도
있어요.

우리말에
피동
표현이
있죠.

'…**되어진다**'
또는
'…**받는다**'
라는 표현
말이에요.

'코끼리가 고양이에게 차였다'
이런 문장 말인가요?

그래요.
그게 수동태
문장이에요.

~되어진다

과거 ~되어졌다

예 비둘기가 마술사에 의해
감추어진다.

~받는다

과거 ~받는다

예 밥은 메그로부터 신뢰받고 있다.

GOAL

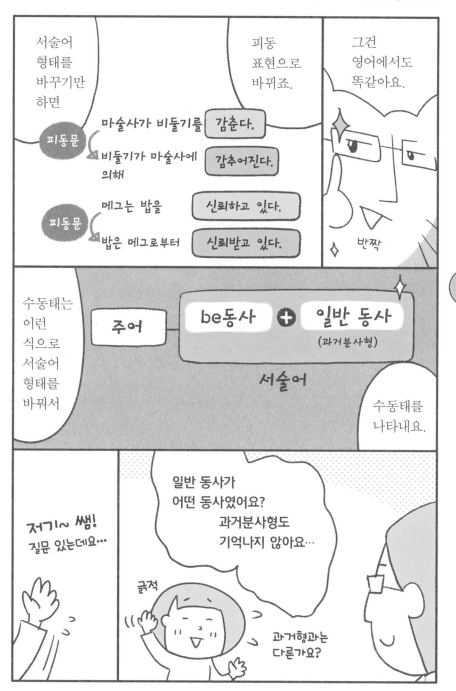

작은 슈퍼맨

일반 동사는 be동사와 조동사를 제외한 나머지 동사를 말하는 거예요.

be동사

walk

일반 동사 eat

believe

동사

이런 걸 모두 '일반 동사'라고 하죠.

과거분사는 동사의 한 형태예요.

원형	과거형	과거분사형
walk –	walked –	walked
believe –	believed –	believed
kick –	kicked –	kicked

같은 형태

원칙적으로는 과거형과 같은 형태인데요.

단, 예외가 있어요.

예를 들어 이런 동사인데요.

과거와 과거분사의 형태가 다른 이런 동사를 '불규칙 동사' 라고 해요.

원형	과거형	과거분사형
eat –	ate –	eaten
break –	broke –	broken

다른 형태

예외?

이런 불규칙 동사는

eat-ate -eaten!

break-broke ....

다음은 뭐였더라?

결국 하나하나 외우는 수밖에 없어요.

하지만 자주 사용 하지는 않는 표현 이므로

외울 수 있을 거예요.

불규칙 동사는 302쪽에 정리되어 있어요.

이 문장을 실제로 영어로 해보지요.

코끼리가 고양이에게 차였다.

An elephant was kicked......

'고양이에게' 를 어떻게 표현했었지?

'~에 의해'는 영어로 'by~'입니다.

그렇다면...

정답

An elephant was kicked by a cat.
be동사 일반 동사 (과거분사형)

(코끼리가 고양이에게 차였다.)

이렇게 하는 거죠.

정답!

200

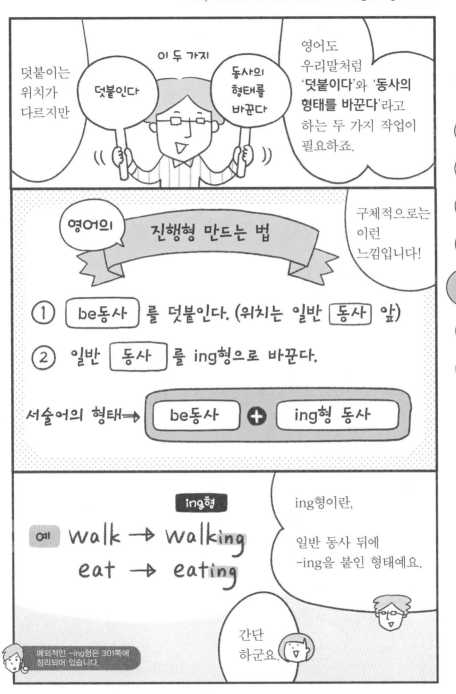

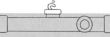

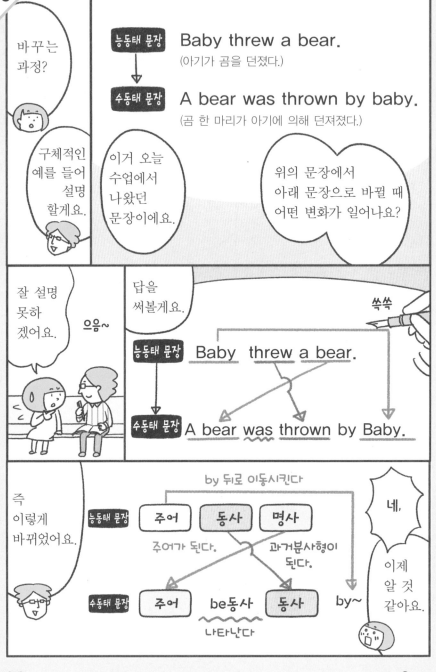

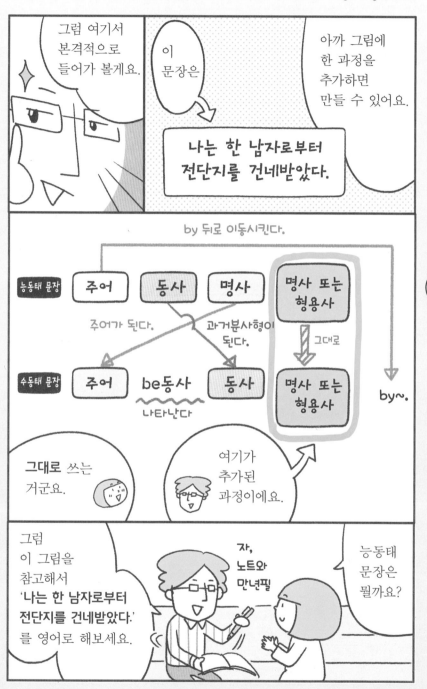

be동사

작은 슈퍼맨

'한 남자가
나에게
전단지를
건넸다.'
예요.

한 남자가 나에게 전단지를 건넸다.

똑같이 만든다!

말이 사슴에게 편지를 건넸다.

A horse handed a deer a letter.

둘째 날에
이런 문장을 배웠으니까
이와 똑같이
만들 수 있어요.

A man handed me a flyer.

(한 남자가 나에게 전단지를 건넸다.)

쓱쓱
쓱쓱

이렇게
하는 건가요?

좋아요!

이제
수동태 문장으로
만들어 보세요.

능동태 문장 A man handed me a flyer.

그대로

수동태 문장 I was handed a flyer by a man.

쓱쓱

이렇게요!

잘했어요.

GOAL

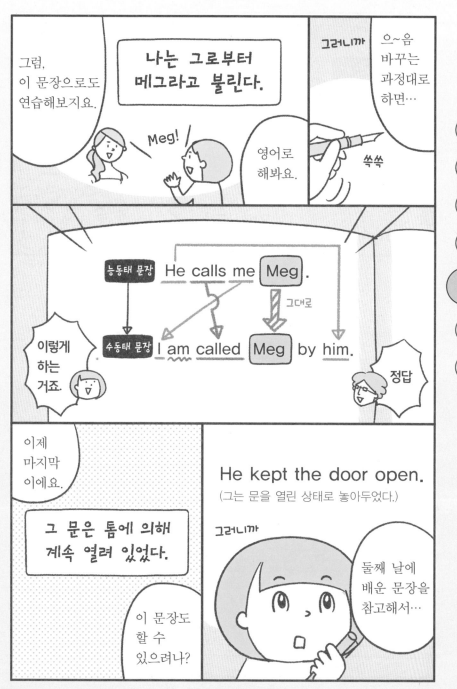

216

(be동사(수동태·진행형))

[다섯째 날] 작은 슈퍼맨

◨ be동사는 둘째 날 배운 '~가(는) …이다'라는 '이퀄'의 내용을 나타내는 경우와
　 그 외를 합쳐 주로 네 가지로 활용된다.

◨ '~가 있다'고 하는 존재를 나타내는 경우에는
　❶ '~＋be동사' 또는
　❷ 'There＋be동사~' 형태로 쓴다.
　　무언가를 처음 말할 때는 ❷의 형태로 쓴다.

◨ 수동태 문장은
　'be동사＋과거분사(by 행위자) 형태'로 나타낸다.
　수동태는 주어가 동작의 영향을 받거나 당할 때 사용하며 '주어가 …되어진다'
　또는 '주어가 …받는다'라고 해석한다.

◨ 진행형은
　'~＋be동사＋일반 동사(ing형)'라는 형태로 나타낸다.
　be동사가 현재형인 것은 현재진행형이고, 과거형인 것은 과거진행형이다.

6
여섯째 날

현재완료형

달팽이와 캐릭터 수제캔디

현재완료형

달팽이와 캐릭터 수제캔디

음······
지금
어떻게
되었는지는

나와
있지
않아요!

그렇죠.

그러니까
알 수
없어요.

과거형으로 된
문장은
과거의 일밖에
나타나 있지
않죠.

'열었다'는
과거의
일만!

② Ken has opened the door.
(켄은 그 문을 열었다.)

②는 ①과는
갖고 있는 의미가
달라요.

Ken opened the door.
(켄은 그 문을 열었다.)

②는
현재
완료네요.

①과
어떻게
다른가요?

우리말
해석은
똑같지만…

하나 더 살펴볼게요.

He has lost his bag.

(그는 가방을 잃었다.)

이건 무슨 뜻이죠?

과거에 가방을 잃었고

그 결과, 지금은 갖고 있지 않다는 말이군요.

lost
his
bag

가방을 잃었다. ——→ 갖고 있지 않다.

그 결과

과거

현재

He has lost his bag.
↓
그는 가방을 잃어버렸다.

그래요.

그러니까 지금 어떤 상태인지 느낌이 오죠.

뭘 찾은 거니까 '잃었다'보다는 '잃어버렸다'고 하는 게 자연스럽겠죠.

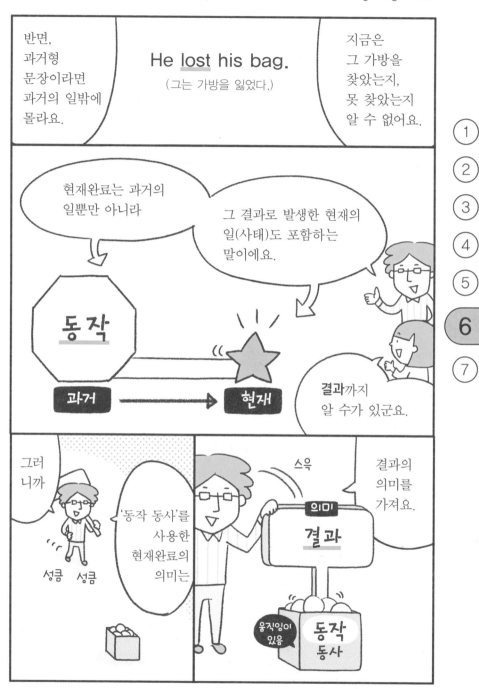

저기요~

쌤, 그런데

중학교 때는

이 네 가지는 외워 두세요.

현재완료
- 결과
- 완료
- 경험
- 계속

현재완료에는 네 가지 의미가 있다고 배웠어요.

구분이 되지 않아요…

현재완료
- 결과
- **완료**
- **경험**
- **계속**

이 세 가지는

아니요. '완료'와 '경험'은 별개가 아니라 그 결과, 일어난 일(☆)이 '완료', '경험'이라고

부를 수 있는 게 많다는 거예요.

결과와는 다른 건가요?

동작

경험

완료

과거 ──→ 현재

그 결과

'**계속**'에 대한 건 뒤에서 설명할게요.

구체적인 예를 볼까요?

Tom has already repaired the radio.

(톰은 이미 그 라디오를 수리했다.)

이 문장의 의미를 생각해 보세요.

네

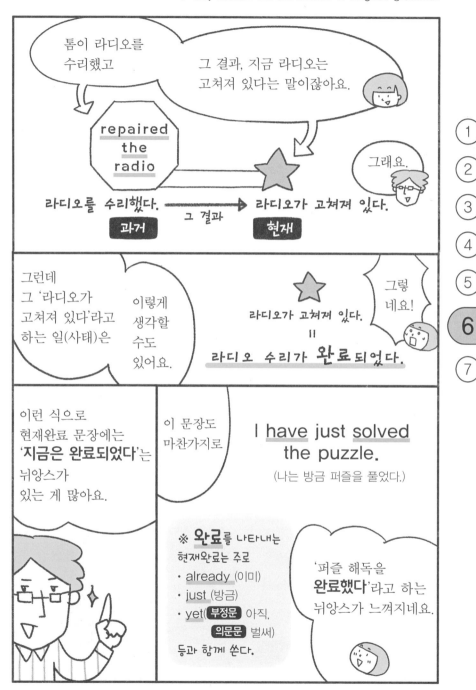

다음은 '경험'입니다.

① Yumi saw aurora in Denmark.
② Yumi has seen aurora in Denmark.

이 두 문장을 비교해 보세요.

①은 이렇게 해석할 수 있어요.

① 유미는 덴마크에서 오로라를 봤다.

동사가 과거형이기 때문에

단순히 과거를 말하고 있어요.

맞아요.

와~ 맞았다!

유미는 덴마크에서 오로라를 봤고

그 결과 지금…

지금은 어떤 일이 일어 났을까요?

saw aurora

②는 현재완료 이니까…

오로라를 봤다. 그 결과
과거

현재완료형

달팽이와 캐릭터 수제캔디

We have visited China three times.

(우리는 중국을 세 번 방문한 적이 있다.)

3times

My son has never seen snow.

(아들은 눈을 본 적이 없다.)

현재완료 '경험'의 예를 더 들어보죠.

빈도를 나타내는 말과 함께 쓴다.

'경험'의 경우

• ~times (~번, ~회)
• never (한 번도 ~않다)
• once (한 번) 등

여기까지를 정리하면

'동작 동사'의 경우 현재완료의 의미는

'결과'를 나타낸다고 볼 수 있습니다. 그리고 '완료', '경험'의 의미를 나타내기도 합니다.

쓱쓱

쓱쓱

의미

결과

(+완료/경험)

추가

walk eat open run

움직임이 있음

동작 동사

기억해 두세요!

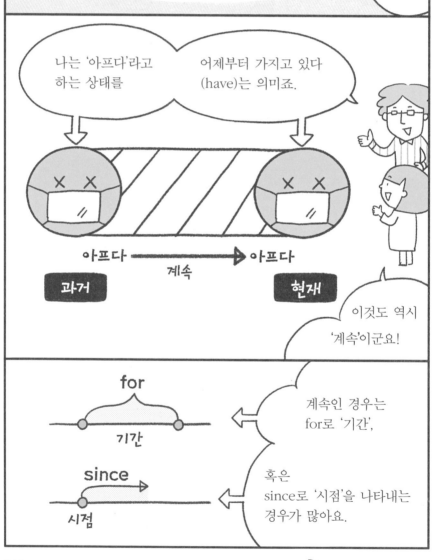

I have been sick since yesterday.
(나는 어제부터 아프다.)

※ since = ~ 이래

이런 경우도 그래요.

나는 '아프다'라고 하는 상태를

어제부터 가지고 있다 (have)는 의미죠.

아프다 ——→ 아프다
계속

과거   현재

이것도 역시
'계속'이군요!

for
기간

계속인 경우는 for로 '기간',

since
시점

혹은 since로 '시점'을 나타내는 경우가 많아요.

현재완료형

달팽이와 캐릭터 수제캔디

현재완료형

달팽이와 캐릭터 수제 캔디

현재완료는 '**결과**'와 '**계속**' 두 가지가 주된 의미라고 했죠?

쓱쓱

네. 그렇다고 했죠.

그리고 '**결과**'의 경우엔 '**완료**'나 '**경험**'의 의미를 포함하는 경우가 있다고 했잖아요.

쓱

쓱

네!

그건 '완료'는 주된 의미가 아니라는 말이이잖아요.

그런데도 '현재완료'라는 이름이 붙었다는 게 좀 이상해서요.

정말 그렇네요.

245

현재완료형

달팽이와 캐릭터 수제캔디

이미 정착되어 있는 말이나 용어를 바꿔버리면

혼란이 생기는 경우가 많거든요.

그런가요?

영어책에 국한된 게 아니란 말이죠.

우리 출판사에서는 동화책도 만들고 있는데요.

이 책 제목이

혹을 떼인 영감과 도깨비

원래는 『혹을 떼인 영감과 도깨비』 이야기 거든요.

짠~

정말 그러네!!

하하하 혹 뗐다!

할아버지가 혹을 직접 뗀 게 아니라

도깨비가 떼 준 거니까요.

하지만 그렇다고

우리 출판사만 『혹을 떼인 영감과 도깨비』로 하면

혹을 뗀 영감과 도깨비

독자들이 헷갈릴 수 있어요.

(현재완료형)

[여섯째 날] 달팽이와 캐릭터 수제캔디

▣ 서술어가 'have/has+과거분사' 형태를 가진 문장을 '현재완료'라고 한다.

▣ 현재완료의 의미를 이해하기 위해서는
동사를 움직임이 있는 '동작 동사'와 움직임이 없는 '상태 동사'로 나눈다.
동작 동사를 사용한 현재완료는 '결과'의 의미를, 상태동사를 사용한 현재완료는 '계속'의 의미를 나타낸다.

▣ '결과'의 의미일 경우에는 '완료'의 뉘앙스나 '경험'의 뉘앙스가 있는 경우가 많다.

네!

248

7

일곱째 날

의문문

족보 세상

네, 있어요.

이 분은 할아버지의 할아버지야.

할버지의 할버지?

어릴 때 할아버지가 보여주신 적이 있거든요.

저희 집도 10세대 정도는 거슬러 올라갈 수 있을 거예요.

그 족보가 머릿속에 있나요?

설마!

그래도 할아버지, 할머니, 삼촌, 이모, 고모, 사촌 정도의 관계는 머릿속에 들어와 있잖아요.

그렇다면 괜찮아요.

1 (할아버지 ═ 할머니

2 (어머니 ═ 아버지 고모 고모 삼촌 고모

3 (오빠 나 사촌 사촌

3세대 정도는 알고 있죠.

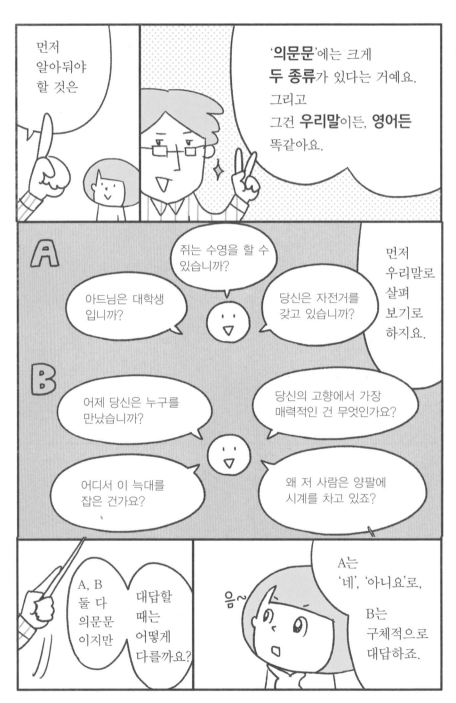

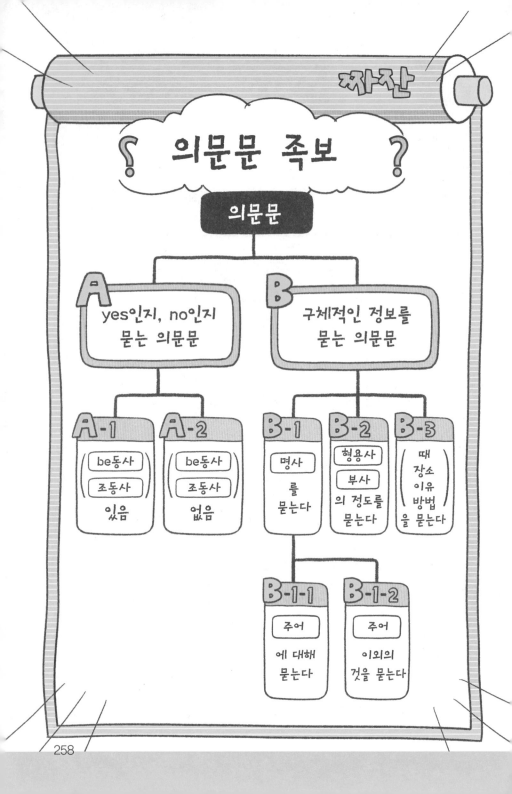

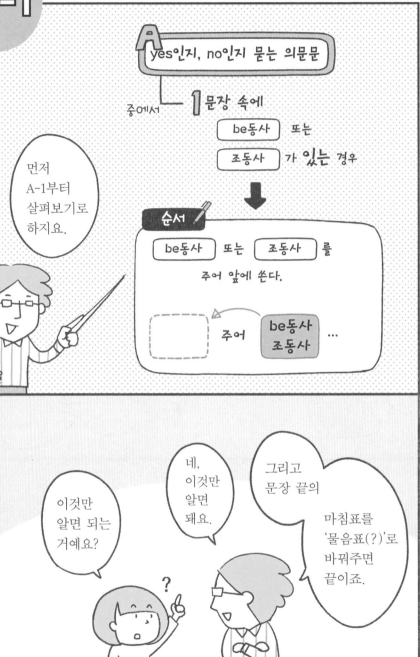

yes인지, no인지 묻는 의문문

중에서 ─ **1** 문장 속에

be동사 또는

조동사 가 있는 경우

순서 ✏

be동사 또는 조동사 를

주어 앞에 쓴다.

주어 | be동사 조동사 ...

먼저 A-1부터 살펴보기로 하지요.

이것만 알면 되는 거예요?

네, 이것만 알면 돼요.

그리고 문장 끝의

마침표를 '물음표(?)'로 바꿔주면 끝이죠.

?

GOAL

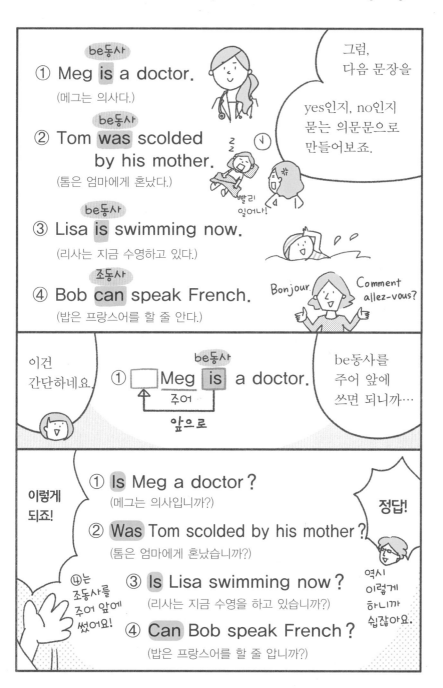

A-2

A yes인지, no인지 묻는 의문문

중에서 **2** 문장 속에

be동사 또는

조동사 가 없는 경우

다음은
A-2를
살펴보죠.

순서 🖊

1 서술어에 do, does, did를
붙인다.

2 do, does, did를 주어 앞에 쓴다.

쌤,
이게 뭐죠?

서술어에
do, does, did 를
붙이는 법

음~
여기서 처음 나왔죠.
만드는 법을 설명해
줄게요.

순서 🖊 **1** 서술어에 do, does did 를 붙이는 법

문장의
동사가 ─
① 현재형일 때 → **do** 나 **does** 를 붙인다
(동사가 -s, -es로 끝날 때는 does).

② 과거형일 때 → **did** 를 붙인다.

※ does, did를 붙인 경우는 뒤에 오는 동사를 원형으로 바꾼다.

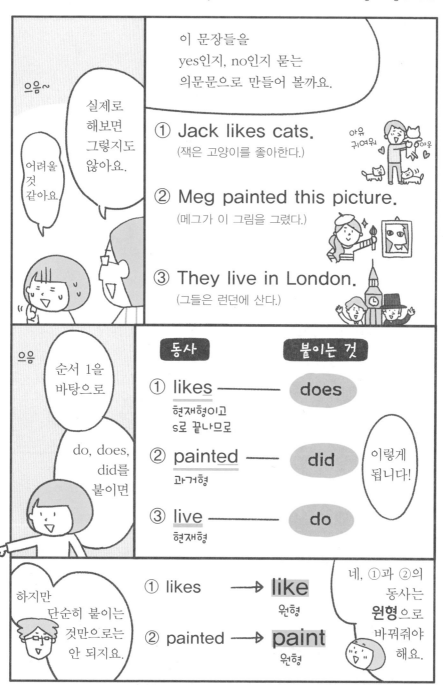

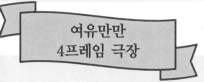

여유만만
4프레임 극장

Break Time 4frame Theater

그럼, 먼저 B-1-1부터 살펴보죠.

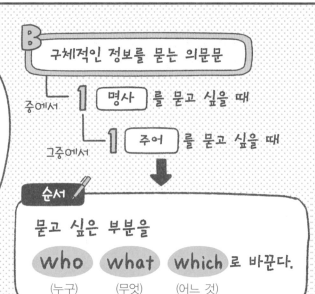

B 구체적인 정보를 묻는 의문문

중에서 ⟶ **1** 명사 를 묻고 싶을 때

그중에서 ⟶ **1** 주어 를 묻고 싶을 때

순서 🖊

묻고 싶은 부분을

who **what** **which** 로 바꾼다.

(누구) (무엇) (어느 것)

이렇게 하면 의문문이 되는 건가요?

네, 그래요. who, what, which만 잘 쓰면 되거든요.

무었을 써야 하는지 알아요?

음~ who는 '누구'이니까 **사람**을 물을 때

who? 😊 사람

what은 '무엇'이니까 **사물**을 물을 때 사용하겠죠.

what? 사물

which는…

GOAL

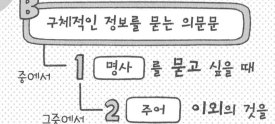

B 구체적인 정보를 묻는 의문문

중에서 **1** 명사 를 묻고 싶을 때

그중에서 **2** 주어 이외의 것을 묻고 싶을 때

다음은 B-1-2 이에요.

순서 ✏

1 묻고 싶은 부분을

who **what** **which** 로 바꾼다.
(누구) (무엇) (어느 것, 어느)

2 **who** **what** **which** 를 문장의 맨 앞으로 이동시킨다.

3 be동사
조동사
가 ─┬ 있을 때 → be동사나 조동사를
│   주어의 앞으로 보낸다.
└ 없을 때 → 서술어에 **do**나 **does, did** 를
붙인 다음 **do, does, did** 를
주어의 앞으로 보낸다.

만드는 법이 세 가지나 되네요.

왜 이렇게 복잡한 거예요…

1과 3은 앞에서도 나왔으니까 침착하게 하나씩 이해하면 돼요.

GOAL

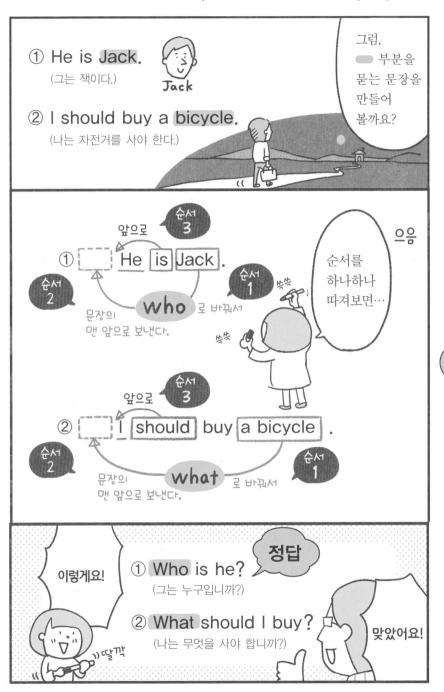

다음 건 좀 어려울 거예요.

③ **Meg met Bob yesterday.**
(어제 메그는 밥을 만났다.)

Ken

④ **She calls her son Ken.**
(그녀는 아들을 켄이라고 부른다.)

아겐! 이게!

⑤ **Lisa chose this.**
(리사는 이쪽을 선택했다.)

부분을 묻는 문장을 만들어 보세요.

음 먼저 ③은

순서 2까지는 이렇게 되죠.

순서 3은 be동사도, 조동사도 없으니까…

③ [ ] Meg met [Bob] yesterday.

순서 2 문장의 맨 앞에 쓴다. who 로 바꿔서 순서 1

met는 **현재형**인가요, **과거형**인가요?

순서 3 **did** meet 앞으로 바꾼다.

did meet에서 did를 주어 앞으로 보내요.

③ Who Meg met yesterday. 주어

과거형이요. meet의 과거형이니까 **did**가 나와야죠.

정답

이렇게요! **Who did Meg meet yesterday?**
(어제 메그는 누구를 만났습니까?)

정답!

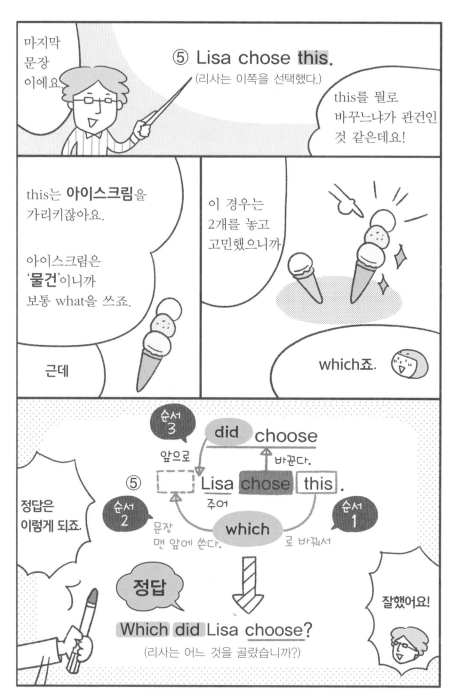

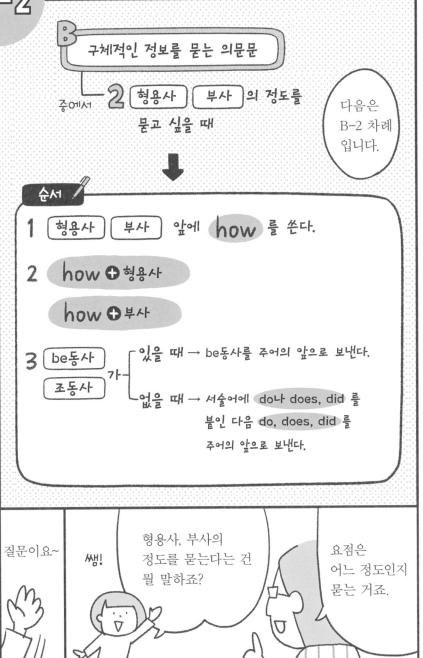

B-2

B 구체적인 정보를 묻는 의문문

중에서 2 형용사 부사 의 정도를 묻고 싶을 때

다음은 B-2 차례 입니다.

① ② ③ ④ ⑤ ⑥ 7

순서

1 형용사 부사 앞에 how 를 쓴다.

2 how ➕ 형용사

how ➕ 부사

3 be동사
조동사 가 ─ 있을 때 → be동사를 주어의 앞으로 보낸다.

없을 때 → 서술어에 do나 does, did 를 붙인 다음 do, does, did 를 주어의 앞으로 보낸다.

질문이요~ 쌤! 형용사, 부사의 정도를 묻는다는 건 뭘 말하죠? 요점은 어느 정도인지 묻는 거죠.

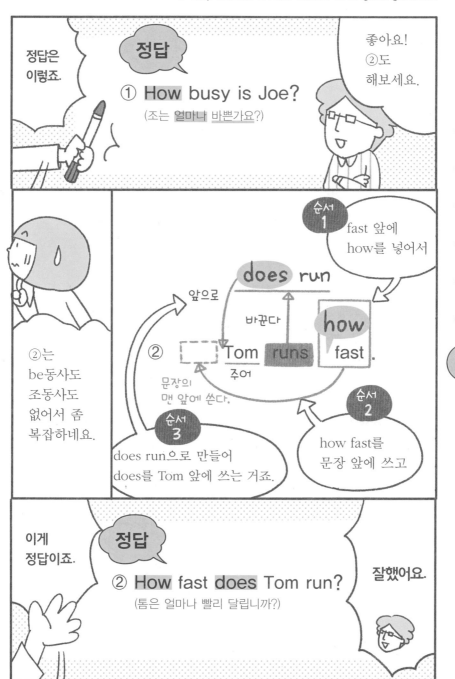

의문문

족
보
세
상

B

구체적인 정보를 묻는 의문문

중에서

3

$\begin{pmatrix} 때 (언제) \text{───} when \\ 장소 (어디서) \text{──} where \\ 이유(왜) \text{────} why \\ 방법 (어떻게) \text{──} how \end{pmatrix}$

그럼,
마지막으로
B-3으로
가보죠!

을 묻고 싶을 때

⬇

순서 ✏

1 문장의 앞에

when where why how 를 쓴다.
(언제)   (어디서)   (왜)   (어떻게)

2 [be동사]
[조동사] 가 ─┬ 있을 때 → be동사나 조동사를 주어의 앞으로
                    보낸다.
          └ 없을 때 → 서술어에 **do나 does, did** 를
                    붙인 다음 **do, does, did** 를
                    주어의 앞으로 보낸다.

GOAL

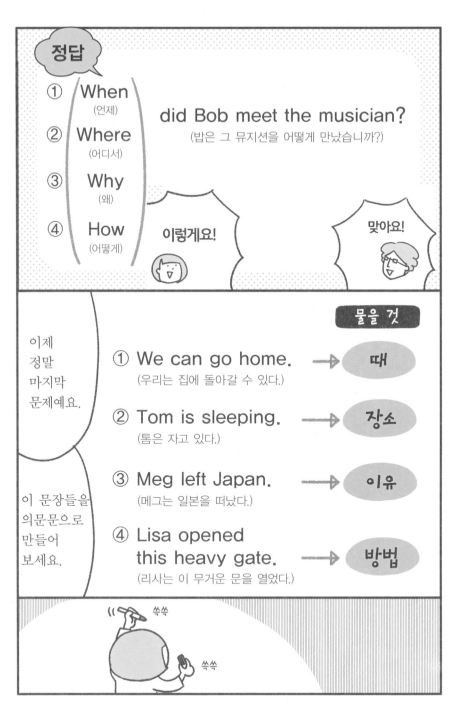

정답

① **When** (언제)

② **Where** (어디서)

③ **Why** (왜)

④ **How** (어떻게)

did Bob meet the musician?
(밥은 그 뮤지션을 어떻게 만났습니까?)

이렇게요!

맞아요!

물을 것

이제 정말 마지막 문제예요.

① **We can go home.**
(우리는 집에 돌아갈 수 있다.) → **때**

② **Tom is sleeping.**
(톰은 자고 있다.) → **장소**

③ **Meg left Japan.**
(메그는 일본을 떠났다.) → **이유**

④ **Lisa opened this heavy gate.**
(리사는 이 무거운 문을 열었다.) → **방법**

이 문장들을 의문문으로 만들어 보세요.

쓱쓱

쓱쓱

의문문

족보 세상

우와~

그것도 마스터하고 싶어요! 알려주세요!

ok!

유리 씨, 영어에 재미 붙였나 봐요!

그럼 우선 이 세 문장을 보세요.

① Meg's father laughed.
수식
(메그의 아빠가 웃었다.)

싱긋 싱긋

② This is Bob's bag.
수식
(이것은 밥의 가방이다.)

③ You like this book.
수식
(너는 이런 책을 좋아하는구나.)

━━ 부분은 뒤에 오는 명사를 수식하고 있죠.

으음~

① 누구 아빠가 웃었어?
② 이것은 누구 가방입니까?
③ 너는 무슨 책을 좋아하니?
(어떤)

━━ 부분을 물어보려면 어떻게 해야 할까요?

우선 우리말로 생각해 보세요.

이렇게요?

좋아요!

그럼, 이제 영어로 옮기는 방법을 볼게요.

B 구체적인 정보를 묻는 의문문

중에서 ── **4** 명사 수식어를 물을 때

그 중의 ── **1** 수식하는 [명사]가 [주어]일 때

순서

묻고 싶은 부분을

whose **what** **which** 로 바꾼다.
(누구의)   (무슨)   (어느 (것))

그 중의 ── **2** 수식하는 [명사]가 [주어] 이외일 때

순서

1 묻고 싶은 부분을

whose **what** **which** 로 바꾼다.

2 **whose ⊕ 명사**

what ⊕ 명사 를 문장의 앞으로 이동시킨다.

which ⊕ 명사

3 [be동사] [조동사] 가 ┌ 있을 때 → be동사나 조동사를 주어의 앞으로 보낸다.

└ 없을 때 → 서술어에 do나 does, did 를 붙인 다음 do, does, did 를 주어의 앞으로 보낸다.

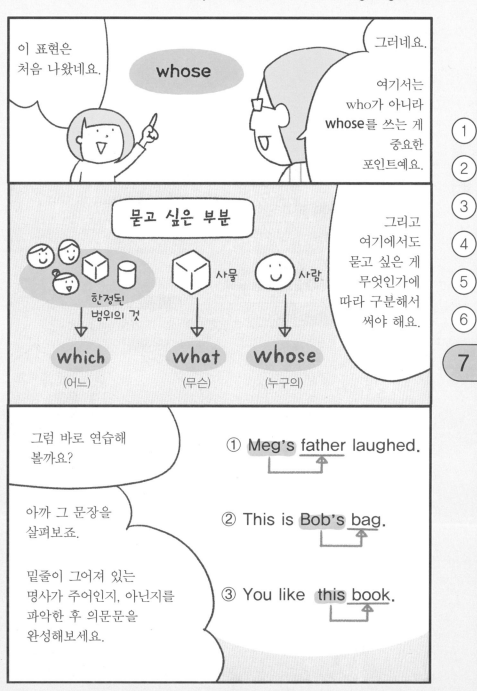

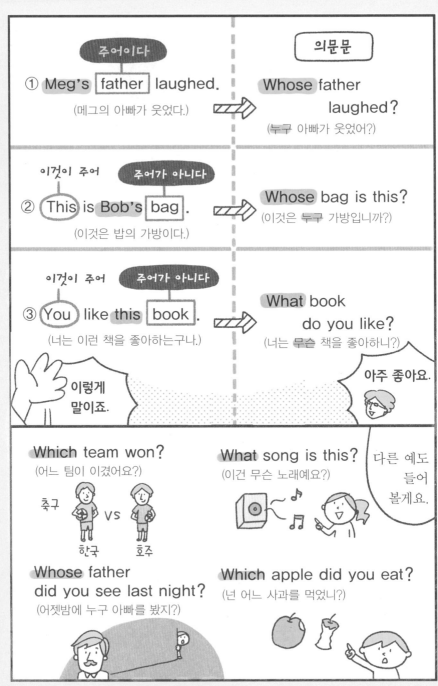

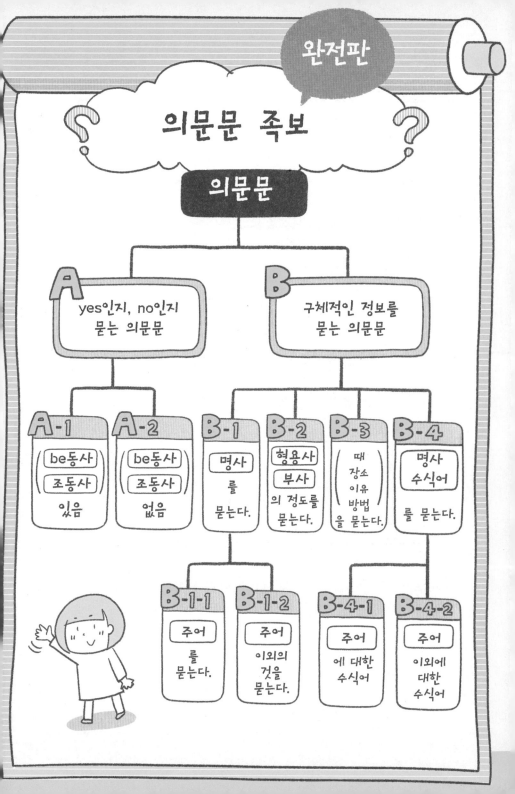

의문문

[일곱째 날] 족보 세상

▣ 의문문은 'yes인지, no인지를 묻는 것'과
　'구체적인 정보를 묻는 것'으로 나뉘는데,
　각각 의문문을 만드는 방법이 다르다.

▣ yes인지, no인지를 묻는 의문문을 만드는 순서는
　문장에 be동사나 조동사의 존재 여부에 따라 달라진다.

▣ 구체적인 정보를 묻는 의문문에는 의문사를 쓴다.

▣ 구체적인 정보를 묻는 의문문을 만드는 순서는
　다음 네 가지로 분류하여 생각한다.

- -

　① 명사를 묻는다.
　② 형용사, 부사의 정도를 묻는다.
　③ 때, 장소, 이유, 방법을 묻는다.
　④ 명사 수식어를 묻는다.

- -

▣ ①은 '주어인가, 아닌가',
　④는 '주어에 대한 수식어인가, 아닌가'에 따라 의문문을 만드는 방법이
　달라진다.

네!

EPILOGUE

에필로그

수업 6개월 후…

에필로그

300

보충 Supplement

(둘째 날에 대한 보충)

be동사의 현재형과 과거형

〈현재형〉
- 주어가 I인 경우에는 am을 쓴다.
- 주어가 you 또는 복수인 경우에는 are를 쓴다.
- 주어가 3인칭(나, 우리, 너, 너희를 제외한 사람이나 사물) 단수(한 사람, 1개)인 경우에는 is를 쓴다.

〈과거형〉
- 주어가 you 또는 복수일 경우에는 were를 쓴다.
- 주어가 you 또는 복수를 제외한 나머지의 경우에는 was를 쓴다.

(셋째 날에 대한 보충)

일반 동사(be동사와 조동사를 제외한 나머지 동사)의 현재형

- 주어가 3인칭 단수인 경우, 일반 동사의 현재형에는 동사 뒤에 -s 또는 -es를 붙인다.
- 주어가 I(나), you(당신, 당신들), 복수인 경우에는 동사 원형을 쓴다.

(다섯째 날에 대한 보충 ①)

예외적인 동사+ing형

동사+ing형은 동사 원형에 -ing를 붙여 만든다. 단, 다음의 경우는 예외다.
① '자음+e'로 끝나는 동사는 e를 빼고 -ing를 붙인다.
   [예] move 〈원형〉 → moving 〈ing형〉
② ie로 끝나는 동사는 ie를 y로 바꾸고 -ing를 붙인다.
   [예] tie 〈원형〉 → tying 〈ing형〉
③ 〈단모음+자음〉으로 끝나는 동사는 마지막 자음을 한 번 더 쓰고 -ing를 붙인다.
   [예] sit 〈원형〉 → sitting 〈ing형〉

(여섯째 날에 대한 보충)

현재완료 have와 has의 구분

현재완료는 have/has+과거분사로 나타낸다.

have와 has는 다음과 같이 구분하여 쓴다.

- 주어가 I(나), you(너, 너희들), 복수인 경우 → have를 쓴다.
- 주어가 3인칭 단수인 경우 → has를 쓴다.

(다섯째 날에 대한 보충)

불규칙 동사 목록

네 가지 패턴으로 나눠 대표적인 예를 제시한다.
왼쪽부터 순서대로 '원형 – 과거형 – 과거분사형'이다.

[패턴 1] 과거형과 과거분사형이 원형과 같은 형태인 것

비용이 들다	cost	cost	cost		그만두다	quit	quit	quit
베다, 자르다	cut	cut	cut		읽다	read	read	read
때리다, 치다	hit	hit	hit		놓다	set	set	set
다치게(아프게) 하다	hurt	hurt	hurt		닫다	shut	shut	shut
하도록 허용하다	let	let	let		두드리다, 이기다	beat	beat	beat
놓다, 두다	put	put	put			beat	beat	beaten

[패턴 2] 과거형과 과거분사형이 원형과 다른 형태인 것

가져오다, 데려오다	bring	brought	brought		의미하다	mean	meant	meant
(건물을) 짓다	build	built	built		만나다	meet	met	met
사다	buy	bought	bought		지불하다	pay	paid	paid
잡다	catch	caught	caught		말하다	say	said	said
먹이를 주다, 공급하다	feed	fed	fed		팔다	sell	sold	sold
느끼다	feel	felt	felt		보내다	send	sent	sent
발견하다	find	found	found		쏘다, 발사하다	shoot	shot	shot
가지다	have	had	had		빛나다, 반짝이다	shine	shone	shone
듣다, 들리다	hear	heard	heard		앉다	sit	sat	sat
들다, 갖고 있다	hold	held	held		자다	sleep	slept	slept
유지하다, 계속 있다	keep	kept	kept		(돈을) 쓰다, (시간을) 보내다	spend	spent	spent

놓다, 두다	lay	laid	laid
이끌다	lead	led	led
떠나다, 남기다	leave	left	left
빌려주다	lend	lent	lent
잃어버리다, 분실하다	lose	lost	lost
만들다	make	made	made

일어서다	stand	stood	stood
가르치다	teach	taught	taught
말하다	tell	told	told
생각하다	think	thought	thought
이해하다	understand	understood	understood
이기다	win	won	won

[패턴 3] 과거분사형만 원형과 같은 것

되다	become	became	become
오다	come	came	come

달리다	run	ran	run

[패턴 4] 원형, 과거형, 과거분사형이 모두 다른 것

시작하다	begin	began	begun
부수다	break	broke	broken
고르다	choose	chose	chosen
하다	do	did	done
그리다, 끌어당기다	draw	drew	drawn
마시다	drink	drank	drunk
운전하다	drive	drove	driven
먹다	eat	ate	eaten
떨어지다	fall	fell	fallen
날다	fly	flew	flown
잊다	forget	forgot	forgotten
주다	give	gave	given
가다	go	went	gone
성장하다	grow	grew	grown
숨기다	hide	hid	hidden
알다	know	knew	known
눕다, 놓여있다	lie	lay	lain
타다	ride	rode	ridden

오르다, 올라가다	rise	rose	risen
보다	see	saw	seen
흔들리다, 흔들다	shake	shook	shaken
노래하다	sing	sang	sung
말하다	speak	spoke	spoken
훔치다	steal	stole	stolen
수영하다	swim	swam	swum
잡다, 집다	take	took	taken
찢다	tear	tore	torn
던지다	throw	threw	thrown
입다	wear	wore	worn
쓰다	write	wrote	written
씹다	bite	bit	bitten
	bite	bit	bit
얻다, 입수하다	get	got	gotten
	get	got	got
보여주다	show	showed	shown
	show	showed	showed

만화로 쉽게 배운다!
기초 영문법 7일 만에 끝내기

2021. 2. 26. 초 판 1쇄 인쇄
2021. 3. 5. 초 판 1쇄 발행

지은이 | 사와이 고스케
만 화 | 세키야 유카리
감 역 | 박원주
옮긴이 | 김선숙
펴낸이 | 이종춘
펴낸곳 | BM (주)도서출판 **성안당**
주소 | 04032 서울시 마포구 양화로 127 첨단빌딩 3층(출판기획 R&D 센터)
      | 10881 경기도 파주시 문발로 112 파주 출판 문화도시(제작 및 물류)
전화 | 02) 3142-0036
      | 031) 950-6300
팩스 | 031) 955-0510
등록 | 1973. 2. 1. 제406-2005-000046호
출판사 홈페이지 | **www.cyber.co.kr**
ISBN | 978-89-315-8166-9 (13740)
정가 | **12,000원**

이 책을 만든 사람들
책임 | 최옥현
진행 | 김해영
교정·교열 | 김해영, 안혜희
본문 디자인 | 김인환
표지 디자인 | 임진영
홍보 | 김계향, 유미나
국제부 | 이선민, 조혜란, 김혜숙
마케팅 | 구본철, 차정욱, 나진호, 이동후, 강호묵
마케팅 지원 | 장상범, 박지연
제작 | 김유석

Manga de Kantan! Chuugaku Eigo ha 7 Kakan de Yarinaoseru
ⓒKohsuke Sawai, Yukari Sekiya/Gakken 2018
First published in Japan 2018 by Gakken Plus Co., Ltd., Tokyo
Korean translation rights arranged with Gakken Plus Co., Ltd.
through Korea Copyright Center Inc.

Korean translation copyright ⓒ 2021 by Sung An Dang, Inc.